LÉON DE SEILHAC

L'ÉVOLUTION DU PARTI SYNDICAL EN FRANCE

EXTRAIT DU *CORRESPONDANT*

PARIS
ARTHUR ROUSSEAU, ÉDITEUR
14, RUE SOUFFLOT, 14

1899

L'ÉVOLUTION

DU

PARTI SYNDICAL

EN FRANCE

LÉON DE SEILHAC

L'ÉVOLUTION DU PARTI SYNDICAL EN FRANCE

EXTRAIT DU *CORRESPONDANT*

PARIS
ARTHUR ROUSSEAU, ÉDITEUR
14, RUE SOUFFLOT, 14

1899

L'ÉVOLUTION DU PARTI SYNDICAL

EN FRANCE

Pendant que les socialistes politiques s'agitent et discutent gravement la possibilité pour un des leurs d'accepter sa part de responsabilité dans la gestion d'un gouvernement « bourgeois », l'attention se trouve détournée du gros de l'armée ouvrière, socialiste et révolutionnaire, opposée à la conquête des pouvoirs publics et se souciant fort peu des chicanes « politiciennes ». Que peut leur faire la distinction subtile établie par les socialistes parlementaires entre un ministère ou un siège à la Chambre? Tous les hommes qui détiennent une parcelle du pouvoir leur semblent responsables au même titre, sinon au même degré. A leur sens, si le parti socialiste ne peut être ou devenir, sans se suicider, un parti ministériel, il ne peut non plus, sans se suicider, être ou devenir un parti parlementaire.

Si une minorité socialiste ne peut, dans une combinaison ministérielle, que rester impuissante et désarmée, il ne leur semble pas moins vrai qu'une minorité socialiste, dans un parlement, restera impuissante et désarmée.

M. Jaurès le reconnaissait implicitement en avouant qu'il était puéril d'attendre de la classe en possession qu'elle se dépouillât elle-même de son privilège et renonçât spontanément à ce qu'elle considerait comme son droit. Elle pourra, ajoutait il, ou par philanthropie ou sous la pression des événements, consentir à telle ou telle réforme, tel ou tel sacrifice, mais quand il faudra « faire le saut », franchir le pas décisif, passer du système capitaliste au système communiste, elle résistera de toutes ses forces. C'est donc de lui-même que le prolétariat doit attendre le salut : il ne doit être une annexe, une dépendance d'aucun parti bourgeois.

Non, c'est vainement que les socialistes parlementaires ont essayé d'accoupler les deux idées de « conquête des pouvoirs publics » et de « révolution sociale », et qu'ils ont voulu faire de la première le moyen et de la seconde le but, sans apercevoir, sans vouloir comprendre la contradiction radicale qui existe entre celui-ci et celui-là.

Pousser les foules à la conquête des pouvoirs publics, c'est briser en elles les ressorts de la révolte, c'est les éloigner de la révolution.

Tandis que pousser les multitudes à la révolution, c'est étouffer en elles le respect des pouvoirs et, par suite, les éloigner de leur conquête.

Ainsi parlent les socialistes syndicaux, pour lesquels un seul moyen subsiste : la révolution, avec un seul moyen : la grève générale préparée par le syndicat.

*
* *

La haine, que les socialistes syndicaux portent aux socialistes parlementaires, n'est pas d'aujourd'hui. Soumis au début à l'influence des doctrinaires du parti socialiste, les syndicaux ont eu de la peine à rompre le joug si lourd qu'ils avaient accepté.

Tout d'abord, ces doctrinaires se montrèrent révolutionnaires forcenés. Ils laissaient « aux hémorrhoïdes des bourgeois les sièges électoraux ». L'émancipation politique du prolétariat était une duperie, et toute intervention électorale de la classe laborieuse tournait fatalement au profit de son ennemie : la bourgeoisie.

M. Jules Guesde, dans une de ses brochures, passait en revue les résultats du suffrage universel et concluait ainsi :

« Quelle démonstration plus éclatante de la stérilité, au point de vue ouvrier, de ce suffrage universel, dont la plupart, hélas! encore dupes de la sophistique radicale, persistent à attendre leur émancipation graduelle et pacifique! »

Mais plus tard, lorsque le scrutin eut réussi à ces messieurs, leur langage se modifia, et le 25 juin 1896, le même M. Guesde disait, au Palais-Bourbon :

« Rien que par l'arme légale du suffrage universel, l'armée collectiviste deviendra fatalement, et avant peu, maîtresse du pouvoir, maîtresse de la république! »

On conçoit qu'après de telles palinodies le peuple ouvrier se soit détourné de ces chefs, dont les idées variaient au gré des circonstances.

Il n'est pas inutile de raconter comment la rupture définitive se produisit. Pour cela, il nous faut remonter à l'origine de l'organisation du parti ouvrier.

*
* *

Depuis la chute des corporations, les ouvriers essayèrent, à maintes reprises, de grouper leurs intérêts et d'associer leurs forces.

Les uns s'enfermèrent dans le compagnonnage, *forme archaïque et stérile de l'association*, les autres créèrent des sociétés secrètes et conspirèrent contre le pouvoir, qu'ils réussirent parfois à renverser, au profit... de la bourgeoisie avancée.

D'ailleurs, les gouvernements n'ayant pas à escompter les suffrages populaires dans les élections, puisque le suffrage universel n'existait pas, semblaient se préoccuper vaguement du sort des ouvriers.

Ce n'est qu'en 1848 que le droit de suffrage est conquis, mais cette conquête du pouvoir politique rend plus évidente encore, pour les ouvriers, leur sujétion économique.

Ils réclament alors le droit d'association, et la forme d'association qui les tenta d'abord fut l'association de production, qui devait les délivrer du joug du patronat.

Suprême désillusion! Ces hommes ne songèrent pas que l'association de production est le terme le plus élevé de la coopération, terme auquel on n'accède que par la coopération de consommation qui fournit aux besoins immédiats du ménage pauvre, et la coopération de crédit qui procure des fonds à ceux qui n'en ont pas.

L'échec de ces braves gens fut pitoyable!

Cependant ils se ressaisissent bientôt et songent à s'instruire de l'expérience des autres. On leur dit qu'à l'étranger, des ouvriers ont réussi là où ils ont échoué. Les expositions industrielles attirent leur attention, et ils y envoient, grâce à des subventions, grâce à des souscriptions, de nombreux délégués.

La première tentative est faite par la Chambre de commerce de Lyon qui envoie douze chefs d'atelier, contremaîtres et ouvriers visiter l'Exposition de 1849.

A l'Exposition internationale de Londres, en 1851, le Conseil municipal de Paris délègue d'abord quatre-vingts ouvriers *choisis par leurs patrons;* puis des souscriptions permettent l'envoi d'une seconde délégation absolument indépendante. Le secrétaire de cette délégation, M. Pierre Vinçard, publie les rapports des délégués dans le journal *la Presse*.

En 1862, nouvelle Exposition internationale à Lyon et nouvel envoi de délégation ouvrière, patronnée par le prince Napoléon, président de la Commission française de l'Exposition.

C'est à cette occasion que fut fondée l'*Internationale*. Le

5 août 1862, le comité du journal *the Working man* organisa une fête de fraternisation internationale, où les ouvriers anglais proposèrent aux ouvriers français un véritable pacte d'alliance.

« Espérons, disaient les Anglais, que, maintenant que nous nous sommes serré la main, que nous voyons que, comme hommes, comme citoyens et comme ouvriers, nous avons les mêmes aspirations et les mêmes intérêts, nous ne permettrons pas que notre alliance fraternelle soit brisée; *espérons que nous trouverons quelque moyen international de communication*, et que, chaque jour, se formera un nouvel anneau de la chaîne d'amour, qui unira les travailleurs de tous les pays.

« Frères de France, nous ne regardons plus les hommes comme étrangers ou comme ennemis, parce qu'ils sont nés sous d'autres climats, ou parce qu'ils parlent une autre langue, ou parce que leur peau n'est pas exactement de la même couleur que la nôtre. »

Ce discours passé inaperçu, c'était la constitution effective de l'*Internationale*, dont la première manifestation fut la publication d'un manifeste connu sous le nom de *Manifeste des soixante.*

* *

En 1867 s'ouvre à Paris la quatrième Exposition internationale. La Commission impériale, chargée de son organisation pour la France, arrête qu'une *Commission d'encouragement pour les études des ouvriers* sera chargée de provoquer, dans les différents corps de métiers, la formation de délégations ouvrières à cette Exposition.

A cette Commission, présidée par M. Devinck, des offres officieuses furent faites en termes peu voilés :

« Nous sommes de pauvres diables, dit M. Chabaud, délégué des maçons, de pauvres diables sans crédit, impuissants à nous tirer d'embarras. *Une personne que vous connaissez et qui est constamment occupée du sort des ouvriers veut vous venir en aide.* Elle vous offre quarante et une maisons comme capital fondatif, évalué à 500,000 francs. Nous emprunterons, sur la garantie de ces quarante et une maisons, 250,000 francs au Crédit foncier, et nous souscrirons 100,000 actions, qui nous procureront de quoi loger cent vingt-trois ménages... *Il ne faut, pour cela, qu'accepter la main qu'on nous tend.* »

*
* *

Il se forme, à ce moment, dans les grands centres comme Paris et Lyon, quelques sociétés qui s'intitulent nettement *Sociétés de résistance et de solidarité*, ou bien *Chambres syndicales*, et leur centre est l'UNION FÉDÉRALE.

Mais, en 1870, l'*Union fédérale* est disloquée par la force des événements, pendant que l'*Internationale*, à qui la guerre laissait complète liberté de propagande et d'action, répand ses doctrines parmi la classe ouvrière.

Avec la Commune, toute l'organisation syndicale est brisée.

M. Barberet essaie alors de reformer les Chambres syndicales, dans le but de contrecarrer les velléités de grèves, dont il redoutait l'action funeste à l'égard de la république, à peine affirmée.

En 1873 se tient une Exposition à Vienne. M. Tolain demande à l'Assemblée nationale un crédit de 100,000 francs pour y déléguer des ouvriers. Le crédit est refusé, mais des souscriptions dans les journaux réunissent 80,000 francs en trois mois, et la délégation est envoyée.

A l'Exposition de Philadelphie en 1876, une nouvelle délégation est envoyée, grâce à un subside de 50,000 francs voté par la Chambre et à un crédit de pareille importance offert par le Conseil municipal de Paris.

*
* *

Les délégations, qui avaient été organisées depuis 1871 par les Chambres syndicales, alors mutualistes et d'opinion modérée, avaient été violemment attaquées par les réfugiés politiques de Londres, Genève et Bruxelles. Plus violemment encore sont attaqués les premiers congrès corporatifs, où l'on ne se préoccupe pas, il est vrai, de l'organisation de la société idéale, que les prophètes nous annoncent comme très prochaine, mais tout simplement de l'amélioration du sort de l'ouvrier, pour longtemps encore voué au salariat.

Les deux premiers congrès qui se tiennent en France, celui de Paris en 1876 et celui de Lyon en 1878, sont remarquables par le calme des délibérations et l'intérêt des rapports présentés en séance[1].

Le règlement du congrès de Paris portait que : *En vue d'éviter des abus que tout le monde devine, nul ne pourra prendre la parole, s'il n'est ouvrier et recommandé par sa Chambre syndicale.*

Les récriminations des *communeux* de Londres sont des plus violentes contre cette modération qui les étonne. Elles sont for-

[1] Voy. *les Congrès ouvriers en France de* 1876 *à* 1897, chez Armand Colin.

mulées dans une brochure intitulée : *les Syndicaux et leurs congrès*.

« Le congrès ouvrier, est-il écrit au début de cette brochure anonyme, vient de terminer ses séances comme il les avait commencées, au milieu des bravos bourgeois. Journaux de droite et journaux de gauche rivalisent d'éloges. La presse réactionnaire de l'étranger fait chorus; elle s'écrie qu'en France, « l'ère des révo- « lutions est close ».

« Dans la ville de la Révolution, cinq ans après la lutte de la Commune, sur la tombe des massacrés, devant le bagne de Nouméa, devant les prisons pleines, il semble monstrueux que des hommes aient pu se trouver, osant prendre le caractère de représentants du prolétariat, pour venir en son nom faire amende honorable à la bourgeoisie, abjurer la Révolution, renier la Commune.

« A l'ombre protectrice des conseils de guerre bonapartistes, les syndicaux sont venus insulter à ce Paris révolutionnaire, qu'ils tentent vainement de déshonorer, ils ont fait hommage aux lois *qu'ils savent respecter*, *alors même qu'elles ne sont pas conformes à la justice. Nous ne sommes pas les révolutionnaires*, ont-ils dit, *nous sommes les pacificateurs*.

« Pour nous, communeux, ajoute le manifeste, nous n'avons qu'à nous féliciter de ce que ces hommes aient ainsi produit au grand jour leurs idées réactionnaires. Par là même, ils ont cessé d'être un danger. Ce n'est pas au prolétariat révolutionnaire, qui a déclaré une guerre sans merci à la bourgeoisie, qu'il faut parler d'entreprises de détail, de coopération, *de suffrage et autres forces réactionnaires. Il n'y voit qu'un procédé hypocrite d'escamotage de la Révolution.* »

Les journaux « réactionnaires » eux-mêmes manifestèrent de l'étonnement pour la sagesse des délibérations du congrès. « Cette séance est presque terne, à force de modération! » disait le *Moniteur*.

*
* *

Le règlement du congrès de Lyon déclarait également : « Il est nécessaire que le congrès soit imposant par la sagesse et le calme de ses délibérations. »

C'est cependant à ce congrès que, pour la première fois, la théorie collectiviste est prônée en France par MM. Dupire, Ballivet, Calvinhac et Thierry, de Reims. Mais que de protestations! Huit délégués votèrent seuls la motion collectiviste.

*
* *

Le congrès de Lyon avait donné mandat aux Chambres syndicales parisiennes d'organiser un congrès international en septembre 1878, à l'occasion de l'Exposition universelle.

Le congrès était préparé et annoncé, lorsqu'un avis de la préfecture de police vient informer les organisateurs que la réunion ne sera pas tolérée. La Commission s'arrête intimidée.

C'est alors que les collectivistes, et celui qu'ils considéraient déjà comme leur chef, M. Jules Guesde, entrent en scène. Le mandat qu'abandonnent les Chambres syndicales, ils le reprennent à leur compte, soutenus par six Chambres syndicales seulement. Ils reçoivent les délégués étrangers et passent à leurs yeux pour les représentants officiels des ouvriers français.

Cette audace les servit. Les Chambres syndicales parisiennes demandent pour leurs délégués des cartes d'invitation au congrès et se rallient aux révolutionnaires audacieux.

Mais lorsque les congressistes veulent pénétrer au siège du congrès, qui est le domicile particulier de M. Isidore Finance, 104, rue des Entrepreneurs, ils trouvent la porte fermée. Les organisateurs sont arrêtés et poursuivis.

C'est ce que demandait M. Jules Guesde.

Devant la dixième Chambre, où il comparaît le 22 octobre, il présente la défense collective de ses co-accusés, et cette défense a un retentissement énorme, que n'eût certes pas obtenu le plus brillant congrès.

Sa plaidoirie est merveilleuse d'adresse, étincelante d'ironie.

« Le premier usage, dit-il, que fit de sa victoire le tiers état, de *rien* devenu *tout*, ce fut d'abolir le droit d'aînesse, ce fut, pour me servir d'une expression de Gambetta, *de faire disparaître cet attentat qui consistait à dépouiller les uns au profit d'un seul, dans les familles, pour satisfaire l'orgueil de la race*, et d'appeler tous les membres de la communauté à une part égale dans le patrimoine commun.

« Or nous ne poursuivons pas autre chose.

« Nous voulons, à notre tour, faire disparaître *cet attentat plus énorme, qui consiste à dépouiller dans la société le plus grand nombre au profit du plus petit, pour satisfaire l'oisiveté de quelques-uns.*

« Si la substitution de la famille égalitaire à la famille féodale d'autrefois était commandée par l'équité, comment la substitution de la société égalitaire à la société féodale d'aujourd'hui pourrait-elle ne pas l'être? »

*
* *

Le troisième congrès national réuni en France est le congrès de Marseille (octobre 1879). C'est, au dire des guesdistes, le congrès-apothéose. C'est à ce congrès que, pour la première fois en France, le collectivisme est acclamé.

On voit que le procès intenté sottement aux guesdistes avait porté ses fruits.

Avant leur condamnation, ils étaient impuissants. Après, ils se relèvent grandis et tout-puissants.

A Marseille, 73 voix contre 27 consacrèrent le principe du collectivisme. Aussi les guesdistes ont-ils coutume de ne compter que de ce congrès la série des congrès ouvriers.

M. Isidore Finance défendit vainement mais avec éloquence le principe de la propriété individuelle.

« La propriété impersonnelle, anonyme, dit-il, est la pire des propriétés. Le propriétaire-individu peut encore se montrer accessible à la pitié, à la justice, à la honte; le propriétaire-corporation est sans entrailles, sans remords. C'est un être fantastique, inflexible, dégagé de toute passion et de tout amour.

« Le système collectiviste aboutit à la négation la plus complète de l'indépendance personnelle ainsi sacrifiée au concours forcé de tous, au but fixé par *la majorité opprimant la minorité*. Si, dans un moment d'aberration, nous abdiquions notre individualité pour l'enterrer dans ce système, *espèce de sépulcre social*, l'air venant bientôt à nous manquer, nous nous révolterions contre la majorité pour reconquérir la liberté, condition indispensable du progrès.

« Ce n'est pas une série de décrets qui peut réaliser le progrès social. On ne décrète pas la vertu, on ne décrète pas la moralisation de la richesse. »

Malgré cette vigoureuse défense d'une cause perdue d'avance, la résolution suivante fut votée :

« *Le congrès adopte comme but :*

« LA COLLECTIVITÉ DU SOL, SOUS-SOL, INSTRUMENTS DE TRAVAIL, MATIÈRES PREMIÈRES, DONNÉS A TOUS ET RENDUS INALIÉNABLES PAR LA SOCIÉTÉ, A QUI ILS DOIVENT RETOURNER. »

*
* *

Après les violences du congrès de Marseille et l'intransigeance des résolutions qui y furent adoptées, les quelques chambres syndicales qui existent alors, se promettent de ne plus se laisser entraîner dans l'orbite des groupements révolutionnaires. Ceux-ci, pour se donner une apparence régulière, s'intitulent *Cercles d'études sociales* et préludent au quatrième congrès, qui devait se tenir au Havre, par un congrès *régional*, qu'ils convoquent à Paris.

Ce congrès régional eut un certain relent d'opinions anarchistes. MM. Jean Grave, Lemale et Jeallot sont les leaders de cette subversive doctrine. On proclame présidents d'honneur Trinquet, Louise Michel et Nourrit. On préconise l'abstention électorale et l'on entend d'audacieuses affirmations, telles que celle de M. Fournière :

« La femme, qui ne se contente pas de l'homme auquel la loi l'a livrée, n'est pas une courtisane. On l'a obligée à conclure un marché avec un inconnu, elle le trompe. Quel homme de sens pourrait la blâmer? »

Le grand acte du congrès régional de Paris est d'accepter le programme du parti ouvrier, programme longuement préparé par Karl Marx, Jules Guesde, Lafargue et Lombard. Ce programme sera le drapeau autour duquel s'engageront les luttes futures dans les congrès français [1].

*
* *

Nous arrivons au moment de la rupture violente entre les *violents* du socialisme et les *syndicaux* modérés.

La rupture se produit au Havre en 1880.

Dès le début, le congrès se dédouble. Les révolutionnaires, qui ne représentent aucun syndicat, se voient fermer la porte du cercle Franklin, où l'on ne reçoit que les représentants des syndicats. Ils ouvrent un congrès à part, dans la salle de l'Union lyrique, et finissent par y attirer le plus grand nombre des délégués. Comme ils ne représentent que des cercles d'études sociales, créés pour la circonstance et formés d'un nombre réduit de membres, on les appelle plaisamment « les représentants de la délégation mutuelle ». Peu importe, l'élan est donné, leur violence attire peu à peu autour d'eux les représentants des syndicats des grandes villes, qui ont peur d'être traités de modérés.

Les représentants modérés des syndicats ne tiendront plus que deux congrès sans importance, à Paris et à Bordeaux. On les appelle vendus, gouvernementaux, barberettistes. Ils ne se laveront pas de semblable flétrissure; et cependant à leur tête sont des hommes intelligents, énergiques, dévoués. La calomnie aura vite raison de leurs efforts.

Seul reste le parti révolutionnaire, mené par des gens ambitieux.

[1] Voy. ce programme dans *les Congrès ouvriers de 1876 à 1897*.

Mais attendons quelque temps, et nous verrons ces chefs se perdre par leur ambition.

De 1880 à 1886 s'étend, en effet, une période pendant laquelle on n'entend parler que de manifestations politiques. M. Jules Guesde prend d'abord la tête du parti, mais en 1882 il en est expulsé par M. Brousse qui, à son tour, est renversé par M. Allemane.

Aussi se forme-t-il trois partis, trois tronçons du parti socialiste-politique :

Les Guesdistes ;
Les Broussistes ;
Les Allemanistes [1].

*
* *

Il faut attendre jusqu'à l'année 1886 pour que les ouvriers se reprennent et reconstituent le parti syndical. Les partis politiques leur ont pris jusqu'à leur nom. Parti ouvrier, c'est le nom du corps d'armée que conduit M. Guesde. L'armée syndicale n'a plus le droit de le réclamer.

Cependant la loi de 1884 venait de permettre aux syndicats ouvriers de s'organiser. Ces syndicats à peine créés convoquèrent un congrès. Ce congrès se tient à Lyon en octobre 1886. Tous les délégués doivent être ouvriers et représentants de syndicats. Leur but est la fédération de tous les syndicats.

Mais ce congrès, convoqué par les *modérés*, ne tarde pas à tomber au pouvoir des *violents*. On y crie bientôt : « Vive la révolution sociale ! » les drapeaux tricolores sont lacérés et la partie rouge de l'étendard national est convertie en oriflamme révolutionnaire.

La loi de 1884, qui était certainement de toutes les lois votées depuis longtemps la plus libérale et la plus favorable à la classe ouvrière, est qualifiée de loi de police « *qui assimile les ouvriers aux femmes de trottoirs* », et l'acceptation de cette loi bienfaisante est repoussée par 74 voix contre 29 et 7 abstentions.

Une *fédération nationale* est constituée, ayant à sa tête un *conseil général fédéral* uniquement composé de l'élément guesdiste, qui était l'élément révolutionnaire... alors.

*
* *

Le deuxième congrès de la nouvelle fédération se tient en 1887, à Montluçon, fief guesdiste.

[1] Voy. sur ces différents partis, *le Monde socialiste*, chez Armand Colin.

« *C'est sous le drapeau tricolore*, dit en débutant le président du congrès, M. Dormoy, *que la bourgeoisie a commis toutes ses trahisons envers la patrie, tous les crimes et les assassinats envers la classe ouvrière...; c'est avec le drapeau rouge que l'on a, en France, relevé deux fois la République.* »

Et le drapeau rouge, largement déployé, présida ces assises du quatrième Etat.

*
* *

Le troisième congrès se tient en 1888, à Bordeaux, mais il est dissous par le commissaire de police, à cause du drapeau rouge qu'on y avait, là aussi, déployé. L'Assemblée se voit obligée de se réfugier dans le casino du Bouscat, dans la banlieue de Bordeaux.

Le congrès déclara :

« *Que seule, la grève générale, c'est-à-dire la cessation complète de tout travail ou la révolution, peut entraîner les travailleurs vers leur émancipation.* »

Qu'on veuille bien remarquer ici ce vote en faveur de la grève générale, émanant de guesdistes avérés. Eux qui, plus tard, deviendront les plus fougueux adversaires de ce moyen d'action, verront s'effondrer, sur cette question même, cette fédération des syndicats qu'ils avaient su accaparer.

Ce vote sera durement reproché plus tard à la fédération, dont la teinte guesdiste s'accentue de jour en jour. Même les congrès de la Fédération et ceux du parti guesdiste se tinrent par la suite dans les mêmes villes, à quelques jours d'intervalle, les congrès corporatifs précédant les congrès politiques. Ces errements durèrent jusqu'au congrès de Marseille, qui eut la mauvaise inspiration de voter à nouveau le principe de la grève générale, que répudia deux jours plus tard le congrès politique du parti guesdiste. Il fut convenu dès lors que les congrès politiques précéderaient les congrès corporatifs, *pour leur montrer la voie à suivre et leur dicter leur ligne de conduite.*

Une autre résolution intéressante fut votée par le congrès de Bordeaux, décidément bien imprudent. En voici le texte :

Considérant

Qu'il est impossible à des citoyens sincères de croire que la reprise de possession pourra jamais s'opérer du consentement de la bourgeoisie;

Le Congrès

ENGAGE LES TRAVAILLEURS A SE SÉPARER NETTEMENT DES POLITICIENS QUI LES TROMPENT.

*
* *

Montluçon était un fief guesdiste, Bordeaux appartenait à la même secte, Calais dépendait du même parti. Calais fut choisi comme siège du quatrième congrès, qui eut lieu en 1890.

La fédération des syndicats était entièrement compromise par sa dépendance du parti guesdiste. Elle avait de plus le défaut d'être une organisation en quelque sorte factice, organisation centrale, sans rapports directs avec les divers groupements, qui se constituaient sur tout le territoire pour relier et réunir les syndicats d'une même ville ou d'une même région.

Ces organisations, — les plus sérieuses, — étaient les *bourses du travail*, créées pour être de simples bureaux de placement et devenues le centre de toute l'action syndicale des grandes villes et la forteresse des revendications ouvrières[1]. On conçoit facilement que ces bourses, parfois indépendantes au point de vue politique, mais presque universellement hostiles aux idées modérées et parlementaires de la fraction guesdiste, n'aient eu aucun souci de s'affilier à la fédération des syndicats, où d'ailleurs leur place n'était pas marquée.

La fédération des syndicats était donc définitivement condamnée, et sa disparition ne dépendait plus que de la naissance d'une organisation nouvelle qui, au lieu de prétendre façonner les syndicats à ses principes et à son image, se façonnât à l'image des syndicats.

Au début de l'année 1892, il existait quatorze bourses du travail, dont les plus anciennes (celles de Paris et de Nîmes) dataient de 1886. L'idée de créer un lien entre ces organisations vint de Paris, et la Bourse du travail de Saint-Etienne accepta d'organiser un congrès où serait fondée cette fédération. Ce congrès s'ouvrit à Saint-Etienne, le 7 février 1892, et la fédération qui y fut créée est encore aujourd'hui la plus sérieuse du parti ouvrier en France.

*
* *

D'abord, les congrès des deux fédérations se suivirent, sans se confondre. En 1893, la *fédération des syndicats* convoquait ses adhérents à Marseille, et la *fédération des bourses* réunissait les siens à Toulouse. On décida alors d'essayer d'un *congrès de fusion* qui se tiendrait à Paris, à la fin de cette même année.

Un événement récent donna une grande importance à ce congrès. M. Charles Dupuy venait de fermer, le 7 juillet, la Bourse du

[1] Pelloutier, *les Syndicats*.

travail de Paris, regardée comme un foyer d'effervescence révolutionnaire.

« L'idée des bourses, dit le rapport de la commission d'organisation du congrès, a plus fait pour fortifier le mouvement syndical, que dix années d'efforts des militants, aussi bien que M. Dupuy a plus fait, en fermant la Bourse de Paris et en attaquant les syndicats que vingt années de propagande. »

M. Guesde, de son côté, mais à un tout autre point de vue, félicitait, dans le *Matin*, M. Dupuy qui, « *en encombrant de sa police et de ses troupes à cheval* L'IMPASSE SYNDICALE ET CORPORATIVE, DANS LAQUELLE MENAÇAIENT DE S'ÉGARER UN TROP GRAND NOMBRE DE TRAVAILLEURS, *avait rejeté dans le mouvement politique, c'est-à-dire dans la vraie voie socialiste, le parti ouvrier tout entier, désormais convaincu qu'en dehors du gouvernement conquis par la classe ouvrière, il n'y a pas de salut, pas d'émancipation du travail.* »

Le congrès de Paris décida que l'union devait se faire et qu'un congrès unique devait se tenir à Nantes en 1894, réunissant dans un même concile les Bourses du travail et les Fédérations de métiers.

Ce ne fut pas sans récriminations de la part des guesdistes, qui protestèrent vivement contre cette annexion de leur « *vieille fédération des syndicats* » par les bourses du travail, qui, suivant l'expression de M. Jules Guesde, avaient « *grisé les ouvriers* ».

« *Les bourses du travail*, disait dans une circulaire M. Lavigne, de Bordeaux, *comme les bibliothèques, les maisons du peuple, ont été créées pour les besoins des syndicats; elles ne doivent pas les subordonner, les amoindrir. Simple instrument pour le service des syndicats, la fédération des bourses prétend se substituer à la fédération nationale, qui a un si glorieux passé, qui a organisé le congrès international de Paris en 1889, décidé le 1*er *mai.* C'est raide! »

Si les guesdistes étaient si fortement opposés à *l'Union*, c'est qu'ils y voyaient, non sans raison, une annexion pure et simple. Il était évident que les syndicats allaient se prononcer contre eux.

* * *

Les guesdistes, fidèles à leur vieille coutume, tinrent leur congrès politique à Nantes, le 15 septembre 1894, huit jours avant le congrès corporatif. Et ils s'empressèrent de condamner, à une grande majorité, le principe de la grève générale.

Mais au congrès corporatif, il en fut tout autrement. A ce congrès, vingt et une bourses du travail, comprenant 776 syndicats, sont représentées, ainsi que trente fédérations, renfermant 682 syndicats. Enfin, 204 syndicats sont représentés directement. C'est un total de 1,662 syndicats représentés par 143 délégués.

Immédiatement, la discussion commence sur la question qui importe à tous et qui est le véritable objet de la réunion. On peut prévoir, dès lors, que ce congrès d'union sera, en somme, un congrès d'élimination et d'émancipation. Les syndicaux veulent secouer le joug guesdiste, et ils ont offert le combat sur le terrain de la grève générale. Les guesdistes ont accepté à contre-cœur cette lutte, dont l'issue ne semble douteuse à personne.

*
* *

Il existe diverses conceptions de la grève générale, au moins deux entièrement différentes, sinon opposées.

Pour les uns, cette « guerre des bras croisés » doit avoir un caractère essentiellement pacifique. C'est un simple refus de travail devant démontrer au monde entier que toute la vie sociale dépend des travailleurs. Les chemins de fer vont s'arrêter, le gaz cessera d'être produit, et c'est sur l'arrêt de ces deux organismes que nos hommes comptent le plus. Paris manque de vivres, les boulangeries sont assiégées et pillées, dès la tombée de la nuit, les nuits sont noires : épouvantés et affamés, les « bourgeois » fuient la capitale, laissant la place aux ouvriers vainqueurs et pacifiques. Je connais de braves gens qui font dans leurs caves des provisions de pommes de terre pour ce moment critique, qu'ils estiment prochain.

Bien différente est la conception des autres partisans de la grève générale. Tout le mouvement social est arrêté par l'interruption des communications et le manque de gaz. Nombreuses sont, en effet, les industries qui s'alimentent par des moteurs à gaz. L'ouvrier alors, le ventre creux, ne songe pas à travailler. Des groupes se forment, affamés et féroces, s'emparent des épiceries, des boutiques de marchands de vin, des boulangeries, et s'y installent, après avoir tué le propriétaire légitime, si celui-ci a la mauvaise grâce de ne pas vouloir céder. Ces actes se répétant partout en même temps, dans toutes les rues, dans tous les quartiers, que pourra faire la police impuissante? que pourra faire l'armée? Les prisons seraient d'ailleurs insuffisantes à contenir tous les perturbateurs. Tel est le joli tableau que nous tracent les partisans de l'acte individuel et de la propagande par le fait.

*
* *

Cette idée de la grève générale ne date pas d'hier.

Le journal *l'Internationale* du 27 mai 1869 préconisait cette formule magique : « Lorsque les grèves, disait ce journal, s'étendent, se communiquent de proche en proche, c'est qu'elles sont bien près de devenir une grève générale; et une grève générale, avec les idées d'affranchissement qui règnent aujourd'hui, ne peut qu'aboutir à un grand cataclysme, qui ferait faire peau neuve à la société. »

L'écrasement de la Commune écarta, pour longtemps en France, les ouvriers des théories révolutionnaires, et lorsqu'un parti ouvrier se reconstitua, en 1879, ce fut un parti politique, n'ayant d'ouvrier que le titre, restant imbu de la doctrine parlementaire et affirmant ses affinités avec le grand parti marxiste allemand. Sa tactique était essentiellement contraire à celle de l'*Internationale*, son principe était basé sur l'expropriation politique de la bourgeoisie *devant précéder son expropriation économique*.

Cependant, malgré ce parti, les ouvriers finirent par accepter la loi sur les syndicats et surtout par en profiter. Des syndicats furent créés de toutes parts et l'idée de la grève générale vint de nouveau hanter les esprits. Mais deux courants se dessinaient : l'un favorable à la grève générale des travailleurs d'une seule profession, l'autre à la grève simultanée des travailleurs de toutes les industries essentielles au fonctionnement de la société.

Le parti marxiste vit, dans cette imprécision, un moyen de combattre une idée contraire à l'évolution politique du socialisme, un dérivatif possible à l'idée imminente d'une grève générale, qui allait hanter les esprits populaires et les détourner des préoccupations électorales.

Le congrès guesdiste de Lille (octobre 1890), à la demande de Mme Aveling, vota la résolution suivante *qui restera la loi du parti*.

« Considérant que la grève générale proprement dite, c'est-à-dire le refus concerté et simultané du travail par la totalité des travailleurs suppose et exige, pour aboutir, un état d'esprit socialiste et d'organisation ouvrière, auquel n'est pas arrivé le prolétariat;... *que la seule grève qui ne soit pas illusoire ou prématurée est celle des mineurs de tous les pays appuyés, dans leur sortie générale des fosses, par les ressources des autres corps de métier;* qu'elle a été soumise au congrès de Jolimont et renvoyée à l'étude des intéressés;... le congrès décide : les fédérations, groupes et membres du parti sont invités à appuyer de toutes leurs forces la grève internationale des mineurs, au cas où elle serait votée par ces derniers. »

La théorie de la grève générale de toutes les industries, combattue à outrance par les groupes politiques du parti socialiste, fut présentée, pour la première fois, le 4 septembre 1892, au congrès *broussiste* de Tours, par M. Fernand Pelloutier, délégué des bourses du travail de la Loire-Inférieure.

Le congrès prit en considération la proposition de grève générale qui lui était soumise.

Quelques jours plus tard, le 20 septembre, le cinquième congrès national de la fédération des syndicats et groupes corporatifs ouvriers, qui se tenait à Marseille, exprimait un vote dans le même sens; mais le congrès *guesdiste*, congrès politique qui se composait absolument des mêmes éléments que le congrès de la fédération et suivait ce dernier à trois jours d'intervalle, revenait sur ce vote et enterrait la proposition de grève générale sous la question préalable. C'est pour éviter le retour de semblables contradictions que le congrès politique précéda dorénavant le congrès corporatif auquel il devait dicter son ordre du jour et le sens de ses décisions.

Le congrès corporatif, tenu à Paris en juillet 1893, s'occupa à nouveau de la question et vota, sous le coup de l'émotion produite par la fermeture de la Bourse du travail, la préparation de la grève générale par des conférences et des brochures.

La grève générale était donc énergiquement soutenue par les organisations ouvrières, la fédération des bourses, les partis blanquiste et allemaniste; elle était, au contraire, violemment combattue par les guesdistes et la fédération nationale des syndicats, sur laquelle ils avaient la haute main.

*
* *

La définitive bataille se livra à Nantes.

M. Briand, avocat à Nantes, fut l'éloquent protagoniste de la grève générale; M. Lavigne, qui est une des sommités du parti guesdiste girondin, en fut le fougueux adversaire.

M. Briand rappelle que la grève générale fut votée au congrès de Marseille par les guesdistes eux-mêmes. Puisque aujourd'hui on propose de la rejeter, c'est sans doute qu'on a des arguments nouveaux à faire valoir :

« Par le principe de la grève générale, on a détruit l'égoïsme chez l'ouvrier, qui considère la grève, non plus comme la lutte contre le patron, mais comme une arme sociale.

« La grève générale, conclut l'orateur, est un fusil. Vous en avez un, dites-vous, mais s'il rate, ayez-en un autre tout prêt.

« Dans six ans va se faire l'Exposition universelle : supposez que quatre mois auparavant vous mettiez le gouvernement en demeure de voter des lois sur les trois-huit, la caisse des retraites, etc., vous le forceriez par la grève générale, car il serait bien embarrassé pour faire son exposition. »

M. Pédron (de Troyes) répond à M. Briand. Il s'étonne qu'on parle d' « organiser » la grève générale. *Dès l'instant qu'on ne peut pas décréter la révolution, comment fera-t-on pour décréter la grève générale.* Et si la grève générale venait à échouer, les travailleurs n'écouteraient plus jamais ceux qui les auraient une fois trompés.

M. Briand riposte que ce n'est pas à ceux qui ont préconisé le 1er mai de venir parler de l'utopie de la grève générale. Ils ont déjà montré que tout le travail social pouvait être arrêté pendant un jour entier.

Mais c'est à M. Lavigne que revient l'honneur de combattre la grève générale au nom du parti guesdiste :

« Les grèves partielles, dit-il, ont un but précis : celui de résister aux exigences patronales, tandis que la grève générale n'a qu'un but vague; elle ressemble à un voyage qu'on entreprend, sans connaître le but vers lequel on se dirige.

« La bourgeoisie n'a aucune peur de l'épée de Damoclès que l'on prétend suspendue sur sa tête. C'est une épée d'avocat [1] dont la bourgeoisie se rit.

« On ne peut pas prendre comme exemple de grève générale celle de Belgique. Les grévistes n'étaient pas seuls. Il s'agissait de réclamer le bulletin de vote, et les ouvriers avaient avec eux les partis politiques, les petits commerçants et les journaux.

« Et cela est un argument contre la thèse de M. Briand. Si l'on supprimait le droit de vote, il n'y aurait pas que l'ouvrier à réclamer, il y aurait la bourgeoisie, le petit commerce, qui se placeraient sur le même terrain et qui agiraient.

« On croit les guesdistes bien bêtes, en soutenant qu'ils rêvent d'arriver à la révolution par la république parlementaire! Est-ce qu'on peut prévoir quand une révolution arrive? Elle arrivera, et alors, si nous avons assez de députés à la Chambre, assez de conseils municipaux, nous pourrons la diriger.

« Enfin, conclut M. Lavigne, c'est au moment où l'on recherche l'alliance de la France industrielle et de la France agricole que l'on vient proposer des utopies bonnes à diviser! *C'est un crime!*

« Vous nous menez tout droit à la provocation d'une révolution, d'avance avortée.

[1] Allusion à la profession de M. Briand.

« Vous soulèveriez les fourches et les faulx! »

Malgré cette solide augmentation, le siège des congressistes était fait. Le résultat définitif du scrutin donne 65 voix favorables à la grève générale, 37 hostiles et 9 abstentions.

*
* *

A ce moment, une affiche est placardée sur les murs de la salle par un guesdiste. C'est une convocation de la fédération nationale des syndicats, invitant ses adhérents à une réunion publique, dans un autre local. Immédiatement plusieurs délégués protestent, l'un d'eux se lève et arrache l'affiche. Une mêlée s'ensuit. L'affiche est finalement déchirée, et l'on entend dans ce brouhaha les épithètes de « coquins..., canailles... » M. Lavigne demande des excuses et *exige que l'on flétrisse publiquement les membres du congrès qui ont commis ces inconvenances et ces brutalités*. M. Le Tessier, qu'on nous a affirmé depuis être à la solde de la police, vient protester contre de semblables exigences et se déclare *anarchiste-communiste*. Il s'ensuit un tapage infernal, au milieu duquel l'ordre du jour pur et simple, proposé par MM. Briand, Besset et Riom, est voté à une forte majorité.

Aussitôt la minorité guesdiste se lève et quitte la salle.

Ainsi les guesdistes restaient fidèles à leur tactique, qui consiste à abandonner les congrès où ils n'ont pas la majorité!

C'est la rupture irrémédiable entre les deux fédérations qu'on voulait unir. C'est la désunion portée dans la fédération des syndicats elle-même, car beaucoup de ses adhérents l'abandonnèrent sur l'heure. C'est enfin l'émancipation du parti syndical de la tutelle du parti politique qui entendait le régenter.

Aujourd'hui la fédération des syndicats n'existe plus que de nom. Le congrès de Nantes lui avait donné un coup mortel.

*
* *

Mais à mesure que s'effondrait la fédération des syndicats, la fédération des bourses prenait une influence prépondérante sur la direction du mouvement ouvrier. Nous allons la voir organiser le parti ouvrier sur de telles bases, qu'il sera en mesure d'affronter la lutte au congrès international de Londres, avec tous les partis politiques coalisés contre lui, et qu'il remportera la victoire contre eux.

Un homme jeune, intelligent, instruit, issu de la classe bourgeoise, venait d'être nommé secrétaire de la fédération des bourses.

M. Fernand Pelloutier mena la fédération avec un talent et une sûreté de jugement auxquels ses ennemis les plus acharnés furent forcés de rendre hommage. Passé par l'école guesdiste, M. Pelloutier avait violemment rompu avec ce parti intolérant et autoritaire, pour évoluer vers l'anarchisme pur.

M. Pelloutier est encore aujourd'hui le secrétaire général de cette fédération, qui lui doit en grande partie ses rapides succès. Il est d'autant plus intéressant de noter cette particularité, qu'elle est plus rare dans le milieu ouvrier, où la jalousie est facile et la suspicion vulgaire. C'est même à ce manque de stabilité que sont dus en général les insuccès des organisations ouvrières.

La question d'un siège fixe et d'un secrétaire général permanent se posa d'ailleurs, à plusieurs reprises, dans les congrès de la fédération.

Elle se posa notamment au congrès de Nîmes en 1895.

Allait-on laisser à Paris le siège de la fédération, ou bien le transporter dans les villes où se tiendront les différents congrès? La province accusait Paris de vouloir accaparer la direction de la fédération, Paris se défendait d'une telle ambition; mais son représentant au congrès expliqua combien serait difficile le recrutement des délégués au comité fédéral, si son siège n'était pas conservé à Paris.

« Quelle est la bourse provinciale, dit-il, qui pourrait fournir des délégués aux trente-six bourses déjà affiliées et aux fédérations du bâtiment, de la métallurgie, des mineurs, des tisseurs, des verriers? Est-ce que toutes les grandes fédérations n'ont pas déjà compris l'intérêt qu'elles avaient à choisir Paris comme leur siège?

« La classe ouvrière ne cesse de se demander quel est le secret de la force gouvernementale, par quels artifices la classe dirigeante réussit à maintenir un édifice social étayé sur *le plus instable des moyens de gouvernement, c'est-à-dire l'arbitraire.* Mais comment ne voit-elle pas que tout le secret réside dans la centralisation.

« Quelle faute plus grave pouvait commettre le congrès de Nantes que de décider que le conseil national ouvrier suivrait le congrès annuel des syndicats? C'était frapper à mort cette organisation au moment où on lui donnait la vie. Les travaux statistiques ne sont pas chose facile, et on peut hardiment hausser les épaules lorsqu'on entend traiter d'ignorant un Leroy-Beaulieu ou un Molinari [1]. Pour recueillir le million de chiffres que nécessite une enquête sérieuse sur le salaire et la durée du travail, il faut des mois. Or, c'est précisément à l'heure où une pratique difficile à acquérir, une familiarisation déjà longue avec les innombrables

[1] Ainsi que le fait M. Jules Guesde.

documents de leur enquête auront rendu les membres du conseil national ouvrier aptes à dépouiller les chiffres, à les classer en *minima*, en *maxima* et en *moyennes*, que prendra fin leur mission et qu'on imposera à d'autres hommes le soin d'achever un travail gigantesque.

« L'expérience est d'ailleurs là, elle a obligé le comité fédéral à renouveler chaque année les pouvoirs de son secrétaire, parce qu'il y a dans la correspondance échangée entre les bourses du travail et la fédération une telle multiplicité de détails, que le remplacement périodique du secrétaire troublerait l'ordre des travaux. »

Le congrès se laissa convaincre et laissa à Paris le siège du comité fédéral et à M. Pelloutier le poste de secrétaire, qui est d'ailleurs maigrement rétribué par un budget annuel de douze cents francs.

* * *

Le congrès qui fit suite au congrès de Nantes fut celui de Limoges.

Le congrès de Nantes avait trouvé le temps, en dehors des querelles sur la grève générale, de créer un organisme dont on avait rapidement apprécié l'inanité et la fausse conception. C'était le *conseil national ouvrier*. Pendant son année d'existence, il avait encaissé 0 fr. 85 et dépensé 47 fr. 65.

Le congrès de Limoges qui se tint en septembre 1895 le remplaça par une autre organisation : *la confédération générale du travail*, dont le but est fixé par le premier article de ses statuts.

« Entre les divers syndicats et groupements professionnels de syndicats d'ouvriers et d'employés des deux sexes existant en France et aux colonies, il est créé une organisation unitaire et collective qui prend pour titre : *Confédération générale du travail.*

« Les éléments constituant la confédération générale se tiendront *en dehors de toute école politique*[1]. »

La confédération générale du travail devait, en théorie, réunir la fédération des bourses et la fédération des syndicats : la première groupant les syndicats d'une même ville ou d'une même région, la seconde groupant les syndicats d'un même métier. Malheureusement, le grand défaut de cette fédération des syndicats est de ne plus exister. Les guesdistes l'ont *étouffée* par leur empressement à l'accaparer, et la fédération rêvée est à créer de toutes pièces. Seule alors existe la fédération des bourses, déjà puissante et qui n'entend se laisser annihiler ni se laisser détruire. Elle accepte la

[1] Voy. Statuts de la confédération. — Page 286 : « Les congrès ouvriers en France de 1876 à 1897. »

confédération à condition de pouvoir la conduire, et reprenant une tactique chère aux guesdistes, elle fait précéder de ses congrès ceux de la confédération, en les tenant aux mêmes lieux et leur dictant le plus souvent leur programme et leur conduite.

La confédération n'a donc ajouté aucune force aux troupes syndicales; la fédération des bourses a suffi pour leur permettre de livrer bataille aux parlementaires coalisés à Londres en 1896.

*
* *

Jusqu'ici, les syndicaux avaient toujours été battus dans les congrès internationaux.

Le moyen qu'employaient les politiciens pour se débarrasser des antiparlementaires, dans ces congrès, était d'ailleurs des plus simples. Il consistait à les confondre sous l'épithète facile d'anarchistes et à leur fermer les portes des congrès.

Au congrès de Londres, les syndicaux prévenus se montrèrent fermement résolus à ne pas accepter la continuation de semblables errements. On n'avait pas à leur demander, pensaient-ils, *un billet de confession*, pour leur accorder l'entrée de la petite chapelle de la *Sozial-democratie*. On n'avait à se préoccuper que de vérifier si les organisations représentées par eux étaient bien existantes.

*
* *

Le congrès international de Londres avait été précédé de trois autres congrès :

1° Le double congrès de Paris (1889);

2° Le congrès de Bruxelles (1891);

3° Le congrès de Zurich (1893).

Ce dernier congrès avait adopté le programme qui devait être en vigueur au congrès de Londres.

Un article de ce programme devait interdire l'entrée du congrès aux syndicaux antiparlementaires. Cet article était ainsi écrit :

Toutes les chambres syndicales ouvrières seront admises au congrès, et aussi les partis et organisations socialistes qui reconnaissent la nécessité de l'organisation des travailleurs et de l'action politique.

La discussion roula tout entière sur ce texte et sur la virgule qui fait suite au mot « congrès ».

« Supprimez cette virgule qui est de trop, disait M. Deville, et alors les délégués des syndicats devront déclarer, eux aussi, qu'ils reconnaissent la nécessité de l'action politique. »

Furieux de voir contester son opinion, M. Deville quitte la commission de vérification des mandats français. Cette commission déclare aussitôt que tout le monde est en règle, sauf quatre députés, MM. Millerand, Jaurès, Gérault-Richard et Viviani. Cependant, ne voulant exclure personne, la commission valide les pouvoirs de ces parlementaires. Les marxistes croient avoir la majorité dans la section française. M. Deville revient et propose l'exclusion des délégués qui se déclareraient adversaires de la conquête des pouvoirs publics. C'est aller trop vite en besogne. Une majorité de quatorze voix se décide pour l'admission de tous les délégués français, *sans qu'ils aient à se confesser.*

*
* *

Mais ce n'est là qu'une escarmouche.

L'article 11 du règlement portait :

Aucune proposition tendant à modifier le règlement du congrès et l'ordre du jour ne peut être acceptée ni discutée après le lundi.

Il fallait donc que, le lundi même, on se prononçât sur cet article. Son adoption entraînait le maintien de la décision de Zurich et le rejet, sans discussion, de sept propositions figurant à l'ordre du jour et dont l'objet était la modification du règlement.

L'après-midi du lundi, la section française se réunit dans ses bureaux. M. G. Deville revient pour la troisième fois sur la question. On lui objecte que la délégation s'est prononcée le matin même à 14 voix de majorité; il répond avec subtilité que l'on a bien décidé de ne pas interroger les délégués français sur leur opinion politique, *mais que l'on ne s'est pas prononcé sur l'article* 11. « L'élément politique et l'élément corporatif, ajoute-t-il, ne peuvent s'entendre et doivent faire des congrès distincts; il ne faut pas accepter les syndicats qui ne veulent pas se mêler à l'action politique, seule capable d'affranchir le prolétariat. »

M. J.-B. Lavaud demande si un syndicat, pour être représenté à ce congrès, doit penser comme M. Guesde. A ce compte la fédération des bourses ne pourrait être représentée, puisque son délégué est anarchiste, non plus que le syndicat des chemins de fer, dont le délégué est antiparlementaire.

M. Jaurès réplique qu'en préconisant l'action politique, il ne répudie pas l'action corporative. Il n'entend barrer aucune voie au prolétariat, mais il ne voudrait pas le voir s'enfermer dans l'action syndicale. Si les syndicats peuvent être représentés au congrès, parce qu'ils sont syndicats, il pourra donc venir des syndicats réactionnaires pour prêcher l'éternité du salariat et l'excellence de notre organisation sociale.

M. Lavigne ajoute qu'on ne peut lui reprocher de préconiser l'action politique par ambition personnelle. Il a la chance d'avoir été mis en faillite et par suite d'être inéligible.

Enfin M. Guesde essaie d'enlever le vote par sa dialectique serrée et sa sobre éloquence.

« Il ne s'agit pas, dit-il, ici d'un congrès corporatif, mais bien d'un congrès socialiste. L'action corporative se cantonne sur le terrain bourgeois, elle n'est pas forcément socialiste, et elle existait avant que le socialisme ne fût organisé. L'action corporative est une simple interprétation de l'ordre capitaliste. La classe ouvrière ne peut pas se désintéresser du gouvernement. C'est au gouvernement, c'est-à-dire au cœur qu'il faut frapper. Dans ce congrès, il n'y a point place pour les ennemis de l'action politique. Ce n'est pas de l'action corporative qu'il faut attendre la prise de possession des grands moyens de production. Il faut d'abord prendre le gouvernement qui monte la garde autour de la classe capitaliste. Ailleurs, il n'y a que mystification; il y a plus, il y a trahison. Des camarades s'imposeraient à nous, au nom de la liberté, pour aliéner la nôtre? Et nous l'accepterions? Non. Ceux qui rêvent une autre action n'ont qu'à tenir un autre congrès. »

La résolution de la délégation était prise avant le débat. L'article 11 du règlement est repoussé par 57 voix contre 56. Une voix de majorité!

*
* *

Aussitôt les guesdistes se lèvent et quittent la salle, malgré les objurgations du président, M. Vaillant, qui a voté avec eux et s'incline devant le vote.

« La séance n'est pas suspendue », dit le président, rééditant un mot célèbre, et les anarchistes, les allemanistes et les syndicaux sont tellement joyeux de leur victoire, qu'ils s'amusent à nommer les commissions et à accoler des noms guesdistes aux noms de la majorité. On envoie à la commission agraire MM. Jules Guesde et Allemane, qui sont à couteau tiré. On désigne pour la commission de l'action politique le compagnon Tortelier, anarchiste militant.

*
* *

Le lendemain matin, la discussion recommence sur l'article 11, en séance générale du congrès. Mais pour épargner de longues discussions, le président, M. Singer, fait décider par l'assemblée l'audition de deux orateurs favorables et de deux orateurs hostiles au maintien du fameux article.

Les deux premiers, désignés par le congrès, sont MM. Jaurès et Hyndman; les deux autres sont MM. Tom Mann et Domela Nieuwenhuis.

M. Tom Mann, secrétaire du parti ouvrier indépendant anglais, rappelle aux trade-unionistes les persécutions qu'ils ont subies, parce qu'on les trouvait autrefois dangereux; et il s'étonne qu'on puisse dire à un délégué : « Vous entrerez ici comme trade-unioniste, mais vous ne sauriez y entrer comme anarchiste. »

« Voyons, répond M. Hyndman, le leader de la *Social-democratic Federation*, pourquoi sommes-nous ici? Pour écouter des discours, ou pour faire les affaires de nos mandants? »

Et de l'avis de M. Hyndman, les anarchistes sont les pires ennemis des socialistes, s'alliant contre eux avec la police et la bourgeoisie. Ce ne sont que des gêneurs. Et il rappelle un mot du citoyen Merlino disant, au congrès de Paris : « Je ne suis venu ici que pour culbuter un tas d'imbéciles. »

Après les discours, M. Hyndman annonce qu'on va voter par nationalités. Il déclare que, dans la pensée du bureau, *l'acceptation de l'article 11, ayant pour effet de consacrer la décision du congrès de Zurich, laissera le droit à tous les syndicats d'assister au congrès sans que l'on soit tenu de faire une inquisition sur l'opinion « personnelle » de leurs représentants.*

Dix-sept nationalités se prononcent *pour*; la France et la Hollande seules votent *contre*; l'Italie reste neutre.

L'article du règlement de Zurich était donc adopté, mais dans son vrai sens, et non dans le sens étroit qu'avaient voulu lui donner les guesdistes. Si ceux-ci n'avaient pas voulu lui donner une autre signification, nul doute que la scission dans la section française eût été évitée.

*
* *

Après la déclaration du bureau relative à la décision de Zurich, la majorité de la délégation française espéra le retour de la minorité.

Mais la minorité n'eut d'autre souci que de faire sanctionner cette scission par le congrès.

M. Millerand prend la parole en son nom et, dans son langage clair et précis, il dit que, si le congrès veut les obliger à siéger côte à côte avec les anarchistes, les « socialistes français » n'auront plus qu'à partir.

M. Vandervelde lui répond, en montrant combien la demande des « socialistes français » présente de dangers. Si elle est acceptée, il n'y a aucune raison pour que les anarchistes de tous les pays ne réclament pas, eux aussi, le droit de former des sections séparées; aussi, malgré toute son affection pour ses coreligionnaires de France, se voit-il obligé de voter contre leur proposition.

Les guesdistes et les parlementaires français l'interrompent à chaque mot. « Vous nous trahissez! » lui crie M. Paul Lafargue. « Jésuite! Jésuite! » reprend M. Gérault-Richard. Le tumulte est à son comble.

Enfin, le président met la question aux voix, par nationalité, bien entendu. Cinq nations seulement votent *contre :* l'Angleterre, la France (*c'est-à-dire sa majorité antimarxiste*), la Belgique, la Hollande et l'Italie. Quinze nations concèdent aux guesdistes le droit de former une nation à part : de ces quinze nations, quatre n'ont qu'un seul délégué; les autres, sauf la Suisse et l'Allemagne, en ont de deux à quinze. Les nationalités *fictives*, créées spécialement pour le plus grand profit du marxisme, ont voté *pour* avec enthousiasme.

*
* *

Le congrès de Londres finissait de déchirer le dernier lien qui unissait encore syndicaux et politiciens. Seuls, les blanquistes, avec leur habile politique, et, il faut le dire, leur incontestable loyauté, sortaient grandis de cette équipée.

Une fois émancipés, il est curieux de suivre ce que vont faire les syndicaux français, d'apprécier leur tactique, d'étudier leur programme et de voir aussi à quoi ils ont abouti. La dernière grève des ouvriers de chemins de fer nous montrera une partie de leur programme mise à exécution et le résultat qui s'ensuivit.

Leur tactique fut établie par les congrès de Tours, de Toulouse et de Rennes (congrès de la confédération du travail, précédés des congrès de la fédération des bourses).

*
* *

Le premier objectif des syndicaux fut la création d'un journal.

En voici le budget présenté par M. Garcin au congrès de Tours :

« Nous sommes un million et plus de syndiqués, dit M. Garcin. Si nos syndicats prennent l'affaire à cœur, il leur sera possible de nous recruter et de nous garantir un contingent de 500,000 abonnés. Et alors, non seulement l'existence de notre journal est assurée, mais encore nous réalisons d'énormes bénéfices.

« Je vais en fournir la preuve, en vous communiquant le devis d'un journal quotidien de premier ordre, format des quotidiens ordinaires et tirant à 500,000 exemplaires :

Composition, papier, tirage, pliage. . .	8,612 fr.	par jour,
Timbres.	8,000 fr.	
soit par mois, en chiffres ronds.		500,000
Administration, loyer, garçons, éclairage, voitures, frais généraux, par mois.		11,000
Rédaction, par mois.		36,000
Soit un total par mois de. . . .		547,000 fr.

L'actif s'établit ainsi :

Vente de 500,000 journaux à 0 fr. 05, 25,000 francs par jour, et par mois. . . . . 750,000 fr.

D'où ressort un bénéfice mensuel de 203,000 francs, et annuel de 2,436,000 francs.

Jusqu'à présent, ce projet orgueilleux n'a pas reçu de commencement d'exécution. L'organe des syndicaux n'est encore qu'un modeste bulletin mensuel : *l'Ouvrier des Deux Mondes*, édité par M. Fernand Pelloutier, pour le compte de la fédération des bourses, ce bulletin vient d'être obligé de changer de nom, sur sommation des disciples de Le Play, qui continuent à publier « les Ouvriers des Deux Mondes ». Le journal quotidien de M. Sébastien Faure, le *Journal du Peuple*, reçoit toutes les communications urgentes des syndiqués; mais, malgré son succès, le *Journal du Peuple* est loin de répondre aux espoirs de M. Garcin; il n'a pas encore 500,000 abonnés, et il appartient à M. Sébastien Faure, avant d'appartenir exclusivement au prolétariat, ainsi que le désirait le congrès de Tours.

*
* *

Les syndicaux réussirent-ils mieux dans la conquête qu'ils ont entreprise du paysan et du pêcheur? Il est permis d'en douter.

Les ouvriers connaissent peu le paysan et professent même à son égard un certain dédain, comme si le travail de la terre n'était pas la source même de la vie. Les bourses du travail songèrent à former des propagandistes spéciaux, initiés aux conditions de l'existence paysanne et à mettre ces propagandistes en rapport, *non pas directement avec les cultivateurs qu'une défiance pourrait écarter, mais avec les ouvriers des professions annexes à celles de l'agriculture (charrons, menuisiers, maréchaux ferrants), qui, vivant au village, ont l'oreille du paysan.*

Ce projet ne semble avoir reçu qu'un faible commencement d'exécution, dans la Loire-Inférieure par exemple, où subsiste le régime des vignes à complant.

Le pêcheur, exploité par les marchands d'hommes, dont la demeure est une véritable maison de débauche, pouvait être attiré, croyait-on, par les bourses des villes maritimes. Le parti syndical essaya de créer des maisons de marins, en concurrence avec celles qu'ont établies les armateurs et les conseils généraux. Il faut bien peu connaître le pêcheur pour le croire susceptible de se laisser influencer par la propagande la plus habile. Indépendant, insouciant, il ne s'inquiète même pas de son intérêt propre. Imagine-t-on qu'il va comprendre les sentiments de dévouement et d'aide mutuelle que les socialistes vont essayer de lui inculquer? Nous le croyons peu, pour notre part, et les syndicaux semblent déjà désabusés de l'espoir qu'ils avaient fondé sur les populations maritimes. Ces maisons de logeurs, où on l'exploite de toutes les façons, où on l'entoure tant qu'il a quelque argent, d'où on le chasse dès qu'il s'est ruiné avec les filles et la bouteille, le marin les aime et s'y complaît. Il les préfère à celles où il est entièrement libre et où on l'excite à la vertu. A plus forte raison les préférera-t-il aux *sailor's homes* socialistes, où, toute la journée, il se verra entouré de propagandistes zélés et bavards.

* * *

Aux congrès de Toulouse, les anarchistes faisaient pour la première fois leur entrée officielle dans les congrès corporatifs. C'étaient MM. Pouget et Delesalle qui représentaient cette doctrine. Ils préconisèrent une tactique nouvelle : le *boycottage* et le *sabottage*.

« Le *boycottage*, dit M. Delesalle dans un rapport très étudié, n'est que la systématisation de ce que nous appelons la mise à l'index. Rappeler quelques exemples de boycottage n'est pas inutile. A Berlin, en 1894, sous la pression gouvernementale, les brasseurs refusaient leurs salles de réunion aux socialistes. Les brasseurs furent boycottés [1], et, au bout de quelques mois, ils étaient obligés

[1] Le capitaine Boycott, régisseur des énormes domaines de lord Erne en Irlande, s'était rendu tellement impopulaire par ses mesures de rigueur contre les paysans, que ceux-ci le mirent à l'index. Lors de la moisson de 1879, Boycott ne put trouver un seul ouvrier pour couper et rentrer les récoltes. Le gouvernement envoya des ouvriers protégés par la troupe; mais il était trop tard, les récoltes avaient pourri sur pied. Boycott vaincu, ruiné, se réfugia en Amérique.

de se soumettre. A Berlin encore, la compagnie des chemins de fer s'étant rendu compte que le public fermait lui-même les portières, décida la suppression de deux cents ouvriers fermeurs de portières. Aussitôt les socialistes intervinrent; en une huitaine de jours, ils arrivèrent à convaincre qu'il fallait laisser les portières ouvertes, et la compagnie fut obligée de reprendre son personnel licencié.

« Contre l'industriel, le boycottage est impossible. Ses capitaux le mettent à l'abri du boycottage des ouvriers; mais le commerçant, qui s'occupe de la diffusion des produits, est plus vulnérable. Quand le commerçant voudra réduire les salaires ou augmenter les heures de travail, que son magasin soit mis à l'index!

« Contre l'industriel, la tactique devra employer un autre procédé : le *sabottage*. Ce procédé est connu en Angleterre sous le nom de *Go canny*.

« Si deux Ecossais marchent ensemble et que l'un aille trop vite, l'autre dit : *Go canny*, « Marche doucement! » Si quelqu'un veut acheter un chapeau qui vaut 5 francs, il doit payer 5 francs. Mais s'il n'en veut payer que 4, eh bien! il en aura un de qualité inférieure. Le chapeau est une marchandise. Si quelqu'un veut acheter six chemises de 2 francs chacune, il doit payer 12 francs. S'il ne paie que 10 francs, il n'aura que cinq chemises. La chemise est encore une « marchandise en vente sur le marché ». Eh bien, les patrons déclarent que le travail et l'adresse sont « des marchandises en vente sur le marché ». Parfait, répondrons-nous, nous vous prenons au mot. Si ce sont des marchandises, nous les vendrons, et pour de mauvais salaires nous donnerons de mauvais travail. Et, suivant les cas, nous sabotterons la quantité pour le travail à prix fixe, et la qualité pour le travail aux pièces. Et alors, non seulement le travailleur ne donnera pas, à l'acheteur de sa force de travail, plus que pour son argent, mais encore il l'atteindra dans sa clientèle.

« Le sabottage peut encore s'exercer sur l'outillage. Et l'on peut, à ce propos, se rappeler l'émotion produite, dans le monde bourgeois, il y a trois ans, quand on sut que les employés de chemins de fer pouvaient, avec deux sous de poudre d'émeri, mettre une locomotive dans l'impossibilité de fonctionner.

« Il faut que les capitalistes le sachent; le travailleur ne respectera la machine que le jour où elle sera devenue pour lui une amie qui abrège le travail, au lieu d'être, comme aujourd'hui, l'ennemie, la voleuse de pain, la tueuse de travailleurs. »

A ce rapport de M. Delesalle, M. Pouget ajoutait les conseils suivants :

« On a proposé de voter un blâme à l'adresse du préfet de la

Seine, qui a refusé de laisser venir à ce congrès les travailleurs municipaux. Ce serait un blâme bien anodin. Il faut répondre à une gifle par un coup de pied. Aussi je fais la proposition suivante: *Le congrès reconnaissant qu'il est superflu de blâmer le gouvernement, qui est dans son rôle en serrant la bride aux travailleurs, engage les travailleurs municipaux à faire* 100.000 *francs de dégâts dans les services de la ville de Paris, pour récompenser M. de Selves de son véto.* »

*
* *

Nous ne savons si l'emploi du sabottage est d'un exemple fréquent parmi les ouvriers. On nous a cité les déchargeurs de charbon qui, mal payés, laissent de temps à autre échapper un bloc de charbon dans la Seine. Mais l'exemple le plus amusant qu'on nous ait donné est celui des petits pâtissiers qui portent des vol-au-vent à domicile. Tenant dans leur main les deux écrevisses qui doivent couronner le pâté, ils attendent un instant qu'on leur remette un pourboire. Si le pourboire ne vient pas, ils partent sans récriminer et mangent, en guise de consolation, les deux écrevisses qu'ils ont gardées. Mais si le pourboire est donné, ils remettent fidèlement le dépôt dont ils ont la charge.

*
* *

Mais, de toute cette tactique, l'article primordial restait toujours la grève générale. C'est sur cet article que toutes les luttes s'étaient engagées entre syndicaux et parlementaires. Et les syndicaux avaient à cœur de conserver cette partie de leur programme et même de l'expérimenter au plus tôt, en soulevant la grève générale, cette terreur des « bourgeois ».

Il est vrai de dire que la grève générale n'était pas unanimement acceptée dans les milieux syndicaux; il y avait contre elle bien des doutes, bien des craintes.

Le comité de la grève générale n'avait jusqu'ici donné que de médiocres résultats. Au congrès de Tours, en 1896, M. Guérard avouait que le prélèvement de 10 pour 100 imposé sur les fonds de grève n'avait produit, du 1er décembre 1894 au 12 septembre 1895, que 329 fr. 75, et de 1895 à 1896, que 401 fr. 95.

M. Claverie, délégué du syndicat du gaz à ce même congrès, rappelait que la France est un pays essentiellement agricole, où pour trois millions d'ouvriers il y a dix millions de paysans, pour lesquels la grève générale est aussi inconnue que les grèves partielles.

Enfin, M. Maynier, de la chambre syndicale des typographes, indiquait par la statistique suivante, qui n'était pas contestée, que les organisations syndicales ne réunissent qu'une faible minorité des ouvriers français :

Organisations syndicales.	Nombre d'ouvriers de corps de métiers.	Syndiqués.	Payant leurs cotisations.
Chambre syndicale des employés.	200,000	7,900	1,350
Chambre syndicale des garçons de magasins, cochers, livreurs, etc.	100,000	4,524	2,002
Union des comptables. . . .	95,000	133	127
Union syndicale des ouvrières de la blanchisserie.	60,000	700	250
Chambre syndicale de l'ébénisterie.	25,000	4,248	250
Syndicat l'Avenir des peintres. .	10,000	47	»
Fédération générale française et professionnelle des mécaniciens-chauffeurs (industrie).	5,500	800	300
Plombiers-zingueurs.	18,000	2,000	750
Union syndicale des peintres. . .	20,000	65	65
Union de la bourrellerie. . . .	2,000	65	65
Travailleurs du Livre.	17,000	8,100	7,500
Ensemble.	542,500	28,582	12,659

Nombreux étaient encore les syndiqués qui croyaient à la réussite de la grève générale, pour peu que les ouvriers des chemins de fer voulussent sonner le tocsin de cette révolution pacifique et puissante : la guerre des bras croisés, l'arrêt brusque de toute la vie sociale d'un grand pays! N'était-ce pas l'aurore de la libération du prolétariat qui allait se lever sur le monde capitaliste?

Eh bien, nous allons voir les travailleurs des chemins de fer déclarer une grève générale, et cet essai aboutit au plus piteux résultat.

* * *

Le neuvième congrès des travailleurs des chemins de fer (1898) avait donné, au conseil d'administration du syndicat, un mandat formel et précis, de tenter auprès des compagnies une dernière démarche, et de déclarer la grève générale si cette démarche n'aboutissait pas.

Le conseil publia un manifeste, où il était dit, entre autres choses : « Les travailleurs des chemins de fer n'attendent plus rien de leurs directeurs; trop longtemps bercés d'un espoir chimérique, nos camarades méditent l'aveu échappé à M. le directeur des chemins de fer du Midi, lorsqu'il déclara : « Les compagnies ne céderont que « lorsqu'elles y seront forcées. »

De partout arrivaient des lettres d'employés, gourmandant le conseil d'administration et lui reprochant sa mollesse. L'heure semblait avoir sonné, de la lutte décisive et de la victoire complète.

Un chef de gare syndiqué écrivait : « Les députés ont voté une loi toute en notre faveur; mais ils comptent bien qu'avec l'aide du Sénat, elle restera lettre morte. Si la loi est repoussée et que le syndicat n'ait pas fait acte d'énergie, d'ici la fin de l'année, *je croirai que nous sommes une majorité de lâches et d'imbéciles, bons à mener à coups de fouet.* »

Un autre chef de gare écrivait encore : « Qu'attendez-vous, amis? Quand faudra-t-il qu'aux portes de ma gare je colle l'écriteau : *Fermé pour cause de grève?* J'attends le signal. »

En même temps qu'était publié le manifeste, le conseil d'administration adressait à toutes les organisations syndicales les questions suivantes :

1° Si les chemins de fer se mettent en grève, les membres de votre syndicat sont-ils résolus, par esprit de solidarité, à supporter la grève momentanée qui en résultera?

2° Votre syndicat est-il décidé à se joindre au mouvement des chemins de fer, en cessant lui-même le travail, pour arracher au patronat les réformes que vous réclamez?

Enfin, M. Guérard donnait sa démission de secrétaire général du syndicat : « Je suis l'égal de tous, disait-il, rien de plus. Et on persiste cependant à me représenter comme un maître et à dénommer notre syndicat le syndicat Guérard. Si ces compagnies, trompées par cette apparence, en prenaient prétexte pour refuser d'entrer en rapport avec le syndicat, il pourrait se propager cette idée que, seul, je suis cause de l'échec des pourparlers engagés. » Cependant, cette démission de M. Guérard fut refusée et des lettres d'audience furent envoyées aux compagnies.

*
* *

Les réponses des compagnies étaient telles qu'on pouvait les attendre. C'était une fin de non-recevoir absolue.

C'était donc la grève immédiate? Non, car des deux mille syndicats interrogés sur l'opportunité de la grève et l'appui qu'on pouvait attendre d'eux, cent quatre-vingt-dix-huit seulement répondirent, dont quarante-six se déclaraient partisans de la grève immédiate.

Mais nous sommes en septembre 1898. Voilà que tout change d'un coup. Une grève des terrassiers de l'Exposition, commencée le 13, prend subitement des proportions inattendues; plusieurs autres syndicats parisiens, croyant le moment venu de déclarer la grève générale, sont sur le point de se lancer dans la mêlée.

Le 3 octobre, les serruriers, les maçons, les peintres, les cordonniers, les charretiers, les démolisseurs, les débardeurs cessent le travail.

Le 7, quatre nouveaux syndicats se mettent en grève : les menuisiers, les plombiers-couvreurs, les tailleurs de pierres, les parqueteurs : ces derniers déclarant qu'ils cessent le travail par pur esprit de solidarité, mais qu'ils ne réclament aucune augmentation de salaire.

Le gouvernement est affolé, les troupes qui arrivent de tous les coins de la France sont impuissantes. On se croirait à la veille d'une révolution.

Des délégations de tous les syndicats en grève viennent demander au syndicat des chemins de fer « quelle attitude il compte prendre, en présence des décisions de l'ensemble des syndicats ».

Le conseil décide alors d'adresser une circulaire à tous les groupes du syndicat pour les consulter d'urgence.

Le 11 octobre, les scieurs à la mécanique se mettent en grève à leur tour.

Ce jour-là, le conseil se réunissait pour prendre connaissance des réponses des groupes. En raison du délai très court qui leur avait été donné, soixante-quatorze réponses seulement étaient parvenues.

29 groupes se prononçaient pour la grève.

14 groupes, partisans de la grève, se montraient hésitants sur l'opportunité du moment.

31 groupes étaient hostiles à la grève.

Au cours de la séance, le conseil est informé que la *fédération des métallurgistes de France* vient de décider la cessation du travail. Par cette décision, la grève, localisée à Paris, va s'étendre en province.

Plusieurs autres syndicats sont sur le point de se joindre au mouvement. De fait, les ébénistes, les briqueteurs-jointoyeurs et les monteurs en bronze font grève le surlendemain, les sculpteurs sur bois le 14 octobre.

L'importante *fédération des mouleurs en fonte* tient ses circulaires prêtes à être envoyées dans toute la France pour déclarer la grève. Les cochers de la Seine, la « *traction mécanique* », promettent leur concours. On escompte déjà celui des deux syndicats si bien organisés des Omnibus et du Gaz. Ce dernier entraînait avec lui la grève forcée de plus de 100,000 travailleurs d'autres industries. Il y a en effet, à Paris, chez de petits industriels, dix mille moteurs actionnés par le gaz, et chacun de ces industriels occupe de cinq à vingt ouvriers.

*
* *

Telle est la situation que le conseil a à envisager. Après une longue discussion, douze voix se prononcent pour la grève, onze contre et il y a une abstention.

M. Chambaret demande qu'en raison de la faible majorité obtenue le conseil ajourne au lendemain sa décision, après avoir pris connaissance des nouvelles réponses qui seront parvenues.

Le lendemain, 12 octobre, le conseil se réunit de nouveau, quatorze réponses nouvelles sont parvenues, et le résultat total est le suivant :

36 groupes se prononcent pour la grève, 35 contre et 17 restent hésitants.

Cependant la grève est décidée. Elle est fixée au vendredi 24 octobre.

*
* *

Son échec fut piteux. Un seul groupe avait répondu à l'appel des administrateurs : le groupe de Cosne-sur-l'Œil. Sur 60 ouvriers de cette localité, 46 s'étaient mis en grève.

Un autre groupe, celui de Paris-Ouest (rive droite), comptait 60 grévistes parmi les aiguilleurs, hommes d'équipe et sous-chefs d'équipe des Batignolles; mais presque tous ces grévistes, en voyant l'échec complet de la tentative, avaient repris le travail dans l'après-midi.

Il n'y avait eu, ailleurs, que des grévistes isolés : 10 à Paris-Nord, 5 à Paris-Est, 1 à Paris-Ouest (rive gauche), 1 à Paris-Orléans, 2 à Paris-Sceaux-Limours, 1 à Achères, 1 à Bressuire et 8 à Lyon; en tout 135 grévistes.

Parmi ces malheureux, 36 avaient été révoqués.

Des collectes en leur faveur avaient rapporté la misérable somme de 1,000 francs : moins de 30 francs pour chacun d'eux.

*
* *

Le congrès des employés de chemins de fer, qui s'est tenu en janvier, a donné une sanction à cette folle et imprudente équipée.

Les membres du conseil d'administration ont tous été choisis parmi les *employés en exercice*, ainsi seront-ils responsables des mesures qu'ils prendront. M. Guérard lui-même a recommandé à ses successeurs *d'user dorénavant de modération*. Tout le monde se rendait enfin compte de l'inanité de la violence pour le succès des revendications ouvrières.

*
* *

« L'échec de la grève des chemins de fer, nous a écrit l'un des hommes qui sont à la tête du mouvement révolutionnaire, a eu pour cause la *peur*, la peur la plus hideuse, une peur telle qu'aujourd'hui des sections de province qualifient l'attitude de Guérard de criminelle, alors qu'il y a quatre mois, elles réclamaient à grands cris la grève le plus immédiatement possible. »

Quelques perquisitions avaient suffi à arrêter ce beau feu. Et encore faut-il tenir compte de ce que les ouvriers, réunis en congrès, s'échauffent de leur éloquence et veulent paraître les plus énergiques et les plus décidés. Rentrés chez eux, ils se sentent isolés et attendent que leurs voisins commencent. Les voisins ont la même attitude. N'y a-t-il pas une famille, une femme, des enfants, que leur décision va plonger dans la plus noire misère, momentanée peut-être, peut-être définitive? L'ouvrier d'état peut être chassé par son patron, il en retrouvera un autre. L'ouvrier des chemins de fer, révoqué par sa compagnie, n'a pas l'espoir de rentrer dans une autre. Il est lié, et sa seule consolation est de médire de ses maîtres, de clamer bien haut qu'il faut détruire leur tyrannie, sans pouvoir jamais mettre à exécution ses projets les plus violents.

*
* *

Et faut-il ajouter que la conception de la grève générale est une des plus enfantines que l'on puisse rêver. Il y a, pour qualifier sa naïveté, une expression triviale, mais exacte, qu'on applique aux enfants, « bouder contre son ventre ». Les ouvriers ne seraient-ils pas les premières victimes d'un arrêt brusque de la production? Une grève générale réussissant dans une grande ville équivaut à la situation de cette ville au milieu d'un siège cruel. Et qui donc souffrira le plus de la cherté des vivres et de l'arrêt de la vie sociale, si ce n'est ces malheureux, qui n'ont ni économies, ni provisions, ni crédit?

La tactique qu'emploient les syndicaux émancipés de la tutelle *politicienne* semble celle d'enfants qui, dans l'expansion de leur colère, veulent briser et détruire ce qui les gêne, au risque de se blesser eux-mêmes.

Les syndicaux ne sont pas organisés, et c'est là leur grande faiblesse. Ils ne sont pas organisés, d'abord parce qu'ils n'ont pas encore eu le temps de le faire (ils ont la liberté d'association depuis moins de vingt ans!) et ensuite parce qu'ils sont terriblement jaloux des hommes intelligents et capables qui surgissent dans leurs rangs.

Nous avons prouvé qu'il n'existe dans le monde syndical qu'une seule organisation sérieuse et puissante, et c'est grâce à la valeur de l'homme que la fédération des bourses a su mettre et conserver à sa tête qu'elle a atteint ce degré de perfection.

*
* *

L'histoire rapide que nous venons d'écrire prouve encore que le parti socialiste, divisé en mille sectes hostiles, en cent chapelles adverses, n'a aucune puissance d'action. En Belgique, en Allemagne, partout ailleurs, le parti socialiste reconnaît des chefs écoutés, puissants, il a une organisation unique et une force indiscutable. En France, ce n'est pas que les hommes de valeur manquent à la tête du socialisme militant : les Millerand, les Viviani, les Jaurès, les Vaillant, sont des hommes considérables. Mais ils sont conspués, honnis, vilipendés par la masse ouvrière. La discipline admirable du parti allemand, jamais les ouvriers français ne l'accepteront.

Et il faut ajouter que certains de ces hommes politiques ont pris plaisir, à ce qu'on dirait, à exacerber ces haines et ces méfiances. Le rôle de M. Jules Guesde a été particulièrement dissolvant, avec son affectation de mépriser les organisations syndicales rebelles à sa voix. Son despotisme a créé la division. Aujourd'hui, M. Jaurès essaie de restaurer l'union entre tous. Y réussira-t-il? Malgré les sympathies qui l'entourent, dans les milieux populaires, son succès paraît douteux. Si les ouvriers ne savent pas s'entendre entre eux et fonder l'unité nécessaire à la marche du parti syndical, peut-on espérer que les mêmes ouvriers soient prêts à marcher la main dans la main avec les socialistes bourgeois, dont ils suspectent les intentions et soupçonnent les ambitions?

Le congrès international de Londres est une leçon de choses. Le prochain congrès international de Paris montrera, nous en avons la conviction, que la coupure est profonde et irrémédiable. On y répétera ce mot des vieux socialistes allemands : « Décidément, ces socialistes français sont incorrigibles. Prompts à la parole, ils sont impuissants à l'action concertée. Là où est la division, là est l'avortement fatal! »

LE

CORRESPONDANT

RELIGION — PHILOSOPHIE — POLITIQUE

HISTOIRE — SCIENCES — ÉCONOMIE SOCIALE

BEAUX-ARTS — LITTÉRATURE — VOYAGES

SOIXANTE ET ONZIÈME ANNÉE

PARAIT LE 10 ET LE 25 DE CHAQUE MOIS

PARIS, DÉPARTEMENTS & ÉTRANGER :

UN AN : 35 FR. — SIX MOIS : 18 FR. — UN NUMÉRO : 2 FR. 50

ADMINISTRATION ET RÉDACTION

PARIS. — 14, RUE DE L'ABBAYE, 14

www.ingramcontent.com/pod-product-compliance
Ingram Content Group UK Ltd.
Pitfield, Milton Keynes, MK11 3LW, UK
UKHW012114240726
13965UKWH00004B/1768